ALEJANDRO VILLENA

PAULA MARCO

EL TIBURÓN DE INTERNET

AF274655

El tiburón de internet

Texto: © 2025 Alejandro Villena
Ilustraciones: © 2025 Paula Marco
© **Tipografía interior del cómic:** Paula Marco
Maquetación: Agustín Chamero - Diseño Gráfico
Revisora técnica: Mercedes Bermejo
Directora de producción: M.ª Rosa Castillo

Segunda edición, mayo 2026 / Primera edición, octubre 2025

© 2025 Editorial Sentir es un sello editorial de Marcombo, S. L.
Avenida Juan XXIII, n.º 15-B
28224 Pozuelo de Alarcón. Madrid
www.editorialsentir.com
Contacto: info@editorialsentir.com

ISBN: 978-84-267-3933-9
Depósito legal: B 17487-2025

Impresión: Printek
Printed in Spain

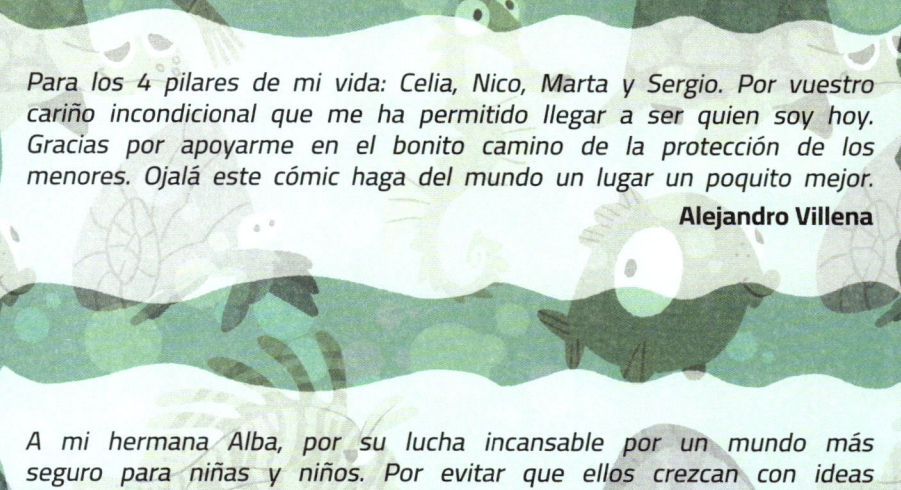

Para los 4 pilares de mi vida: Celia, Nico, Marta y Sergio. Por vuestro cariño incondicional que me ha permitido llegar a ser quien soy hoy. Gracias por apoyarme en el bonito camino de la protección de los menores. Ojalá este cómic haga del mundo un lugar un poquito mejor.

Alejandro Villena

A mi hermana Alba, por su lucha incansable por un mundo más seguro para niñas y niños. Por evitar que ellos crezcan con ideas falsas y dañinas sobre el amor, y que ellas vean sus cuerpos como mercancías. Que este cómic sea una luz segura en medio de la oscuridad.

Paula Marco

Estimado/a lector/a:

El objetivo principal de este cómic es fomentar el buen trato hacia la infancia. Por ello, es importante que el niño o niña se sienta acompañado en la lectura. Puedes encontrar, al final del cómic, un apartado de recomendaciones para personas adultas redactado por el autor.

Además de leer el cómic, el niño o la niña podrá responder las preguntas planteadas a lo largo de las páginas, reflexionar, compartir ideas y recuerdos con la compañía de una persona adulta, así como interactuar con el cómic y buscar un salvavidas en las páginas interiores.

Si quieres recibir el regalo del libro, solo tienes que entrar en www.editorialsentir.info con el código siguiente:

TIBURON1

¿QUIERES SER PROTAGONISTA DEL CÓMIC, JUNTO CON ÁLEX?

¡Encuéntrame en el interior!

Álex, deja el móvil.

¡Mira el mar! Hay un mundo real ahí fuera.

Ya voy... un momento.

Álex, ¿cuántos momentos llevas? ¡Basta ya!

Díselo tú, que ya no sé las horas que lleva.

¿A ti también te gusta estar con pantallas?
¿Se te pasa el tiempo volando frente a una pantalla?
¿Cuánto tiempo al día estás frente a una pantalla?

Vaaale.

¿Te gusta bucear?

Yo encontré peces increibles.

Cla, claro... Voy a investigar.

¡Tened cuidado!

Fijaos en las boyas rojas y no las rebaséis.

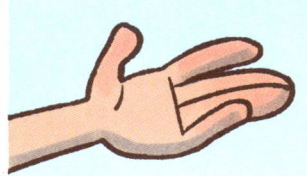

Toma este silbato mágico, siempre que estés en peligro puedes silbar e iré a ayudarte.

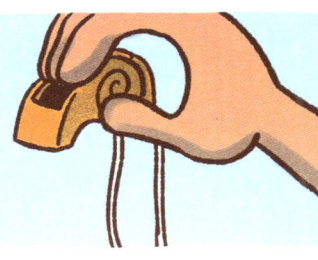

Recuerda que hay zonas donde no conviene acercarse.

Hay corrientes peligrosas.

¿Te gusta bucear? ¿Qué otras formas crees que hay para divertirse sin pantallas?

¿Conoces el PLAN P.A.R.A.?
Tu salvavidas en internet.

¿Te has encontrado con algo incómodo o peligroso en internet? ¡Usa este plan!

P-PARA

Cuando te encuentres con alguno de los tiburones de internet o sientas algo desagradable mientras navegas, haz una pausa.

No toques el dispositivo, no sigas navegando, simplemente para.

A-AYUDA

Después, rápidamente, busca ayuda.

Puede ser un adulto de confianza, tus padres, un profe o alguien de confianza que pueda ayudarte.

R-RESPIRA

Cierra los ojos y toma tres respiraciones profundas.
Inhala por la nariz durante cuatro segundos.
Retén el aire durante dos segundos.
Exhala lentamente por la boca durante seis segundos.
Esto te ayudará a calmarte y a pensar con claridad.

A-AVANZA

Ahora, haz otra cosa que te ayude a distraerte.

Puede ser salir a caminar, leer, escuchar música o jugar un rato.

Lo importante es seguir adelante sin quedarte atrapado en el impulso.

Recuerda: internet es como el océano, hay cosas geniales, pero también hay peligros ocultos. **No estás solo**, siempre hay alguien que te puede ayudar.

El océano es como internet.

pero también
peligros escondidos.

¿Qué tiburones crees que hay en
internet que puedan hacerte daño?

¡Ven, Álex, aquí todo es divertido!

¡Esto parece genial!

Pero no todos los peces tienen buenas intenciones...

SNIFF
SNIFF

Nunca sigas a alguien sin estar seguro.

ÑAM ÑAM

No puedes fiarte de cualquiera, ¡vamos a ayudarte!

¡Menudo susto! Gracias... Prometo tener más cuidado.

¡Gracias! Tendré cuidado.

¿Qué será eso brillante?

¿Y si es un tesoro?

Este pez tiene un color muy atractivo...

Pero me da mala espina,

¡paso de él!

¿Sabes que en internet también hay peces buenos y malos?

Pero ¿qué tipo de pez es este? ¡Qué pasadote!

¿Qué habrá dentro? Pero... ¿y si es peligroso?

Recuerda que hay zonas donde no conviene acercarse.

No debería fiarme, pero es tan tentador...

Solo mira. No hay nada malo por abrir el cofre.

Nadie puede oirte aquí. Ahora, solo estamos tú y yo.

Cuando te metes en aguas peligrosas, pedir ayuda puede ser la diferencia entre hundirse y salir a flote.

¿Qué tal vas, pequeño?

Me... me siento mareado...

No te preocupes, es un líquido que contamina,

pero te acostumbras cuando abres todos los tesoros del océano.

No me encuentro bien...

¡Tengo que salir de aquí!

¡Debo pedir ayuda!

No digas nada, será nuestro secreto.

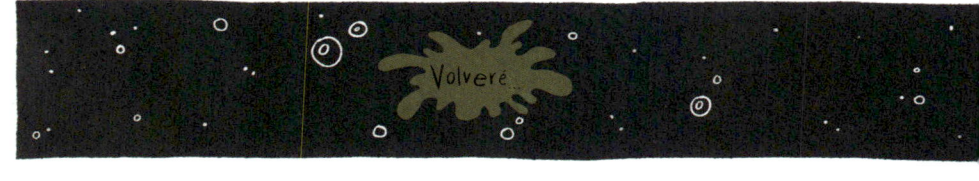

Volveré.

Te advertí que no debes nadar en aguas tan lejanas,

¡en esta zona hay muchos peligros!

Lo siento, no me di cuenta.

¿Qué edad tienes, campeón?

Diez.

Me fue arrastrando la corriente del agua.

No tienes edad para estar navegando tan lejos de tus padres. ¿Ellos saben dónde has ido?

No.

Pues deberían saberlo antes de dejarte ir tan lejos.

¿Alguna vez te ha aparecido algún tiburón en internet? ¿Qué podrías hacer si eso te pasara?

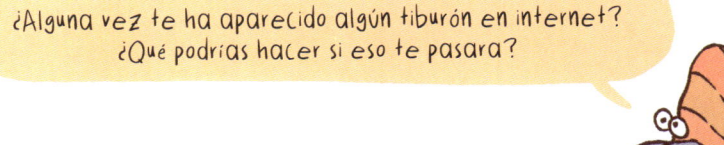

¡Álex!

Vi algo que me gustó, y he ido cada vez más lejos sin darme cuenta.

Menudo susto nos has dado, no sabíamos dónde estabas.

Álex... ¿estás bien?

¿Te has dado cuenta de que estabas en peligro?

Hay ciertas líneas rojas que no se pueden pasar, en el mar están marcadas con boyas rojas.

Los padres también debéis estar atentos, sois responsables de los niños. Por favor, evitad distracciones.

Cada año tengo más accidentes por despistes de los padres, estáis muy distraídos con la tecnología, hay que estar más cerca de los niños.

Tiene razón, disculpe.

¡Solo tiene diez años!

¿Sabes cuáles son los lugares a los que no tienes que acudir en el océano de internet? ¿Conoces los riesgos si entras en esos lugares oscuros?

Respira hondo,

Coge el aire

y exhálalo despacito.

Hazlo varias veces y deja que el miedo se vaya.

Aqui al menos estoy a salvo.

¡Cuidado, Álex! Recuerda que internet es como ese océano, hay muchos tiburones que hay que esquivar, también hay peces bonitos. Pero si tienes algún problema siempre acude a tu salvavidas, que somos nosotros.

¡Genial! Aquí están.

¿Echamos una partida de cartas?

¿Crees que es bueno que Álex vuelva a enfrentarse a los riesgos del océano?

CONTRATO DE TECNOLOGÍA

¿Aparatos?
Teléfono móvil y el ordenador, con control parental y con papá y mamá al lado.

¿Cuánto tiempo?
Treinta minutos al día después de comer.

¿Dónde?
En el salón, despacho o una zona común de la casa.

¿Qué pasa si se incumple?
No habrá más tecnología en una semana.

¿Qué pasa si hay un problema?
Hablar con papá y mamá sin miedo.

FIRMADO:

PAPÁ   Mamá   ÁLEX

¡Qué bueno es vivir la vida real!

GLOSARIO DE TIBURONES PARA PEQUEÑOS NAVEGANTES

Ya sabes que internet es como un océano en el que hay peces muy bonitos y de colores, pero también hay algunos tiburones que dan miedo. Para que los conozcas bien y no caigas en sus redes, te explicamos a continuación qué hace cada uno y por qué debes evitarlo.

El tiburón de la pornografía: el tiburón de la pornografía es uno de los más peligrosos que puede haber en internet. Es un tiburón que te pone imágenes de personas desnudas para llamar tu atención. Suelen ser imágenes —o también vídeos— de contenido sexual explícito que están hechos para hipnotizarte y atraparte durante horas. Este contenido genera emociones desagradables que podemos notar en nuestra barriga y está hecho para no poder parar.
Por eso siempre tendrás que acudir a tu salvavidas cuando te lo encuentres. No son imágenes buenas para aprender, sino que están hechas para atraparte y captar tu atención.

El tiburón de la desinformación: el tiburón de la desinformación está por todos lados e intenta hacerte creer cosas que son mentira. Puede hacerlo con inteligencia artificial, creando vídeos que no son reales. Puede ser información que no es del todo cierta o alguna mentira que corra por internet. Algunas personas le llaman *fake news*.

El tiburón de la extorsión: son tiburones que te intentan chantajear y te piden algo privado, como tus contraseñas de redes sociales o algunos datos relacionados con el dinero de tu familia. Pueden suplantar tu identidad, intentar robar tus datos o introducir algún virus en tu ordenador. También le llaman *malware*.

El tiburón del *grooming*: es parecido al tiburón de la extorsión, pero estos tiburones quieren acceder a una zona más íntima de ti, tu propio cuerpo. Estos tiburones intentarán pedirte fotografías o vídeos sobre tu cuerpo y es muy importante siempre decir que NO. Recuerda que tu cuerpo es tuyo y de nadie más. Si esto te ocurre, nunca le contestes, esquiva al tiburón y pide ayuda. También se puede llamar sextorsión, porque es una extorsión relacionada con tu sexualidad e intimidad.

Los tiburones ladrones de tiempo: internet está lleno de tiburones ladrones de tiempo; puede ser una serie, un vídeo o las redes sociales. En este caso, el tiburón no es malo, pero te puede hacer perder el tiempo de tus tareas del cole, tiempo con tu familia, haciendo deporte o con amigos. Hay que saber esquivar estas trampas que los ladrones del tiempo te ponen. Muchas aplicaciones de internet están hechas para robarnos nuestro tiempo y atraparnos dentro. Elige pasar tiempo al aire libre y con tus amistades en lugar de en las pantallas.

RECOMENDACIONES PARA LOS ADULTOS QUE UN DÍA FUERON NIÑOS

1. Explicación breve sobre la pornografía y sobre cómo usar las metáforas del libro para hablar con los hijos

Este cómic está pensado para que vuestro hijo/a pueda leerlo por su cuenta y sacar sus propias conclusiones. Es un cómic seguro y revisado por profesionales de la psicología infanto-juvenil. El lenguaje está adaptado a la edad de un preadolescente de entre 8 y 12 años. Idealmente se recomienda que los padres puedan leerlo previamente para poder responder a las preguntas que puedan ir surgiendo a lo largo del cuento. También se puede leer de forma conjunta con vuestro hijo/a para fomentar una experiencia compartida. El cómic hace referencia a los diferentes peligros de internet, e intenta centrarse en lo peligroso que puede ser encontrarse con imágenes de contenido sexual que sean inapropiadas para niños/as de esta edad. Hemos introducido la palabra «pornografía» solo una vez, en el momento en el que aparecen los diferentes tiburones, para que, dependiendo del margen de edad, se profundice más o menos en este tema. Además de la pornografía, el cómic hace referencia a otra serie de tiburones: la desinformación, el *grooming*, extorsión, redes sociales, etc.

Todos los términos están incluidos en el glosario de tiburones con un lenguaje adaptado para su edad y pueden servir de referencia para la familia. Se recomienda, además, complementar las explicaciones con el conocimiento y los valores de cada familia. Respecto al concepto de pornografía, los profesionales hemos llegado al acuerdo de que, desde los 8 años, se puede introducir esta palabra para ir asociando el concepto a los peligros que la pornografía puede tener y para diferenciarla de una sexualidad sana y ligada a la afectividad e intimidad. Esto no es una regla exacta y cada familia debe valorar en función de la madurez de su hijo/a, lo que ya sabe, si usa o no usa internet, etc.

Pero, de forma general, podemos introducirlo de forma segura a través de este cómic, de manera inocente y respetuosa. Al ser un tema complejo para las familias, hemos desarrollado la definición más allá del glosario, por si las familias necesitan profundizar en este tema.

¿Qué es la pornografía? (desarrollado y dirigido a los/as menores directamente)

La pornografía es uno de los tiburones que más pueden aparecer en internet. Ya sabes, hijo/a, que internet es como un océano que tiene peces buenos y bonitos y también algunos que nos hacen más daño, como los tiburones. El tiburón de la pornografía aparece cuando estamos navegando por internet en el móvil, ordenador o tablet, muchas veces sin que nosotros le pidamos que venga. Es como una pandemia que está por todos lados. La pornografía son imágenes, textos o vídeos donde aparecen personas desnudas. Ya sabes que el cuerpo es algo muy bonito, pero es algo íntimo y que debemos cuidar mucho. Por eso nunca enseñaríamos el cuerpo desnudo por internet.

Este tiburón de la pornografía aparece en nuestras pantallas para que nos quedemos atrapados en su red, como le pasó a Álex en el cuento. Aunque te pueda llamar la atención, como los cofres que ha visto Álex, ya has visto que es una trampa. La sexualidad es algo muy bueno y bonito que todos tenemos (lo ideal es haber hablado previamente de la sexualidad ligada a la afectividad con ellos). La sexualidad tiene que ver con el cariño y el amor entre dos personas y el tiburón de la pornografía nos intenta engañar enseñándonos otra cosa. Además, muchas de las personas que aparecen allí están siendo tratadas de una manera muy negativa y el tiburón solo quiere hacerles daño o utilizarlas para ganar dinero. Por eso es muy importante que, si lo encuentras en internet, puedas pedir ayuda con tu salvavidas y con el plan llamado PARA. El plan PARA tiene cuatro pasos sencillos para ayudarte cuando sientas la necesidad de ver ese contenido que no quieres ver (el plan PARA está incorporado dentro del cómic y se puede aprovechar para la pornografía, pero también se puede adaptar para el resto de tiburones).

10 *tips* para una conversación sobre sexualidad saludable con tus hijos/as

Acércate a este cómic con apertura y sin miedo. Intenta no juzgar los comentarios que puedan surgir y las preguntas, será una buena oportunidad para prevenir. Que puedan surgir conversaciones incómodas no significa que se entrañen riesgos, sino todo lo contrario: significa que se abre una puerta para dar herramientas a tu hijo/a para poder prevenir todos los peligros en internet. A veces podemos pensar que hablar de sexualidad fomenta conductas insanas, pero es todo lo contrario, es una actividad preventiva. Lo importante es cómo hablamos y enfocamos estas conversaciones para que sean útiles y adaptadas a su edad. Te dejo 10 breves tips por si te ayudan:

1. Mantén la calma, entrena tu mejor cara de póquer y que no se sientan juzgados o señalados.
2. Escucha primero, habla después. Tienen mucho que decir.
3. Habla con naturalidad de la sexualidad, es una dimensión que todos/as tenemos y no hay nada de malo en ello.
4. No mientas e intenta decir siempre la verdad, adaptando el contenido a su edad.
5. Puedes posponer la conversación si no estáis preparados, pero no lo hagas eternamente o lo evites. Si lo haces, comprométete a dar una respuesta, aunque sea al día siguiente.
6. Refuerza siempre que acudan a ti a hablar de este tema. Son oportunidades únicas y debemos hacérselo saber.

7. Ten empatía, tú también fuiste niño/a y después te convertiste en adolescente, ojalá alguien te hubiera acompañado con cariño y entendiendo todo el oleaje que estabas viviendo a nivel hormonal en esas etapas.
8. Si puedes, apóyate en el otro progenitor para dar la sensación de equipo y familia en estos temas.
9. Ten un pequeño espacio reservado para cada hijo/a en función de sus edades y necesidades.
10. Aprovecha oportunidades del día a día (un viaje en coche, una canción de la radio, una noticia o una serie) para iniciar algunas conversaciones sobre afectividad y sexualidad.

2. Tres herramientas recomendadas para la educación digital y afectivo-sexual

Control parental. Las familias que usan algún tipo de control parental y supervisan la actividad en internet de sus hijos/as pueden prevenir hasta el 60 % de los primeros contactos accidentales con la pornografía. No lo dudes, busca el que mejor te funcione e instálalo.

Realizar un contrato digital. Durante esta conversación, o cuando el preadolescente se esté iniciando en el mundo digital, es recomendable hacer con ellos/as un contrato sobre las normas que van a existir en la tecnología. Recomendamos incluir:

- Qué aparatos con internet puede usar y cuáles no.
- Cuánto tiempo diario/semanal puede usarlos.
- En qué lugar de la casa puede y no puede usarlos.
- Qué pasa si incumple las normas (explicarle algunas consecuencias de infringir las normas).
- Qué puede hacer si tiene un problema (hay que darle un canal de ayuda directa).
- Firmarlo en familia de forma solemne.

Enseñar a respirar. Aprender a respirar, como hace Álex al final. Esta será una gran herramienta que puede servir a tu hijo/a a gestionar emociones desagradables. Puede servir tanto para las emociones previas que le llevan a entrar en internet y refugiarse allí, como para las emociones desagradables que hayan podido surgir si tiene un contacto con algo indeseado. Se le puede sugerir que la barriga es como un globo que se hincha y se deshincha. Podemos inspirar, aguantar un poquito el aire y expirar. Así de sencillo.

3. Recursos adicionales y lecturas recomendadas

Libro. *¿Por qué no? Cómo ayudar y prevenir en la adicción a la pornografía.* Autor: Alejandro Villena. Editorial: Alienta.

Libro. *Imágenes buenas e imágenes malas.* Autor: Kristen Jenson. Editorial: Glen Cove Press LLC.

Ayuda: el proyecto de salud mental Piénsatelo Psicología ofrece ayuda específica sobre adicción a la pornografía y problemas relacionados con la sexualidad y las pantallas. www.piensatelopsicología.com

Ayuda: en la Agencia Española de Protección de Datos hay un canal de ayuda por si se ha difundido una imagen sin el consentimiento del menor. https://www.aepd.es/canalprioritario

Ayuda: teléfono directo de ayuda para los propios adolescentes. https://www.anar.org/

Recurso y formación: la asociación Dale Una Vuelta es pionera en la prevención, creación de materiales, formación y ayuda de la adicción a la pornografía. www.daleunavuelta.org

Alejandro Villena Moya
Psicólogo y sexólogo clínico